GUÍA DE LECTURA

Escrita por Tram-Bach Graulich
Traducida por Clara Raposo Romero

AF381540

El hombre que ríe

de Victor Hugo

Entiende fácilmente la literatura con

ResumenExpress.com

www.resumenexpress.com

VICTOR HUGO

NOVELISTA, POETA, DRAMATURGO Y POLÍTICO FRANCÉS

- **Nacido en 1802 en Besanzón**
- **Fallecido en 1885 en París**
- **Algunas de sus obras:**
  - *Hernani* (1830), obra de teatro
  - *Nuestra Señora de París* (1862), novela
  - *Los Miserables* (1862), novela

Victor Hugo es el escritor más emblemático del romanticismo francés además de novelista, dramaturgo y político. Fue elegido como «líder del movimiento romántico». Llevó una vida comprometida con la política e intervino en grandes causas como la abolición de la pena de muerte. Durante el Segundo Imperio, tuvo que exiliarse (1851-1870) en Jersey y después en Guernsey donde escribió *Los Miserables*.

La República llevó a cabo un funeral de Estado con grandes ceremonias tras su muerte en 1885 y el pueblo lo aclamó como el escritor más importante de Francia.

EL HOMBRE QUE RÍE

UN POEMA GRANDIOSO MARCADO POR LA FATALIDAD

- **Género:** novela
- **Edición de referencia:** Hugo, Victor. 1904. *El hombre que ríe.* Traducido por F. Luis Obiols. Barcelona: Casa Editorial Maucci
- **Primera edición:** 1869
- **Temas:** pueblo, Revolución francesa, martirio, crueldad, aristocracia, risa, fatalidad

Victor Hugo lleva en el exilio dieciséis años cuando comienza a escribir *El hombre que ríe.* La novela aparece tres años más tarde, en 1869, y resulta un auténtico fracaso en la prensa y a ojos del público, desconcertado por la extensión de la obra.

El hombre que ríe es tanto un drama romántico, como un poema grandioso y una novela sobre la fatalidad. Cuenta la historia de Gwynplaine en la Inglaterra de comienzos del siglo XVIII. Su rostro parece sonreír forzosamente por su cara deforme, sus labios cortados y su boca rajada hasta las orejas, lo que da pie a que los poderosos se burlen de él. Sin embargo, comparte este trágico destino con un pueblo martirizado por la aristocracia, que espera la llegada de la Revolución.

RESUMEN

PRIMERA PARTE – EL MAR Y LA NOCHE

Ursus es un anciano sabio y misántropo que vive solo en una choza con un lobo llamado Homo, su única compañía. Se gana la vida principalmente haciendo espectáculos de ventriloquia.

Los comprachicos conforman una especie de asociación especializada en el comercio de niños y tiene como cometido entregar a los niños poderosos (reyes, sultanes, etc.) convertidos en monstruos mediante torturas, para que sirvan como bufones.

Libro I

Una tarde, unos comprachicos abandonan a un niño en la bahía desierta de Portland, al sur de Inglaterra, y enseguida se dan a la fuga en barco. A lo largo de la costa, un ahorcado barnizado lo deja estupefacto. Se desata una tormenta de nieve y el niño se adentra en aquellas tierras.

Libro II

En el mar, el barco que lleva a los comprachicos sufre la furia de la tormenta de nieve. El autor se dedica a una descripción poética de la naturaleza desenfrenada. Tras varias horas de tempestad, el barco, cuyas velas ha arrancado el viento, está a punto de naufragar. Los comprachicos, que sienten cerca la muerte, se arrepienten. Entonces, escriben su confesión en un trozo de papel que meten en una cantimplora antes de que el mar se la trague.

Libro III

Mientras tanto el niño camina en busca de tierras habitadas. Los paisajes que atraviesa son hostiles y la nieve, la niebla y la oscuridad hacen que su búsqueda sea más lenta. Encuentra en el camino el cuerpo sin vida de una joven mendiga que tiene una niña entre los brazos. El niño coge a la niña y se la lleva movido por la compasión. Caminan hasta un barrio donde no encontrarán a nadie que les quiera abrir, salvo Ursus, que los acoge refunfuñando en su choza. Al día siguiente, al rayar el alba, Ursus ve la cara del niño. Tiene la nariz cortada, las encías al descubierto y la boca rajada hasta las orejas. Su rostro es una risa constante. En cuanto a la niña, el frío la ha dejado ciega.

SEGUNDA PARTE – POR ORDEN DEL REY

Libro I

Lord Lineus Clancharlie es un «recuerdo antiguo» (Hugo 1904, 71). Se tuvo que exiliar voluntariamente durante el reinado de Carlos II de Inglaterra por sus ideas republicanas y muere en el exilio. Su hijo, Lord David Dirry Moir, es un joven pretencioso, monárquico por comodidad, que ha renegado de su padre y se ha casado con la duquesa Josiane («Josiana era la carne», Hugo 1904, 77), una mujer voluptuosa y perversa. Para ella trabaja como sirviente de un bribón llamado Barkilpehdro, que la odia en secreto.

Libro II

Es el año 1705. Gwynplaine (el niño de la primera parte) tiene 25 años. Dea, la niña ciega que recogió, tiene 16. Ursus los ha educado como si fuera su padre y los jóvenes se quieren platónicamente. Gwynplaine se ha convertido en un saltimbanqui conocido bajo el apodo del Hombre que ríe. En una carreta haciendo las veces de teatro ambulante, recorren Inglaterra y representan *Caos vencido*, una obra que escribió Ursus. El pueblo se agolpa para contemplar «una cara que era imposible mirar sin reírse» (Hugo 1904, 193). Gwynplaine y Dea están contentos con la vida que llevan.

Libro III

El grupo se instala en un albergue en Southwark, un suburbio de Londres. *Caos vencido* es un éxito rotundo gracias al rostro de Gwynplaine, que suscita la risa general. El triunfo es tan importante que llega a oídos de la nobleza. Una tarde, la duquesa Josiane acude a la representación. Acto seguido pide que entreguen una carta a Gwynplaine declarándole su amor y pidiendo verle. Gwynplaine se debate entre su amor por Dea y la atracción puramente carnal que siente por Josiane.

Libro IV

Un día, un oficial de policía detiene a Gwynplaine y lo lleva a una celda donde se encuentra un prisionero torturado. El hombre no puede evitar reírse cuando ve la cara de Gwynplaine. Gwynplaine, presa del pánico, exclama que no conoce a este hombre. Pero, para su gran asombro, le explican que se trata de Fernain Clancharlie, que es lord de

Inglaterra.

Libro V

Gwynplaine es en realidad el hijo legítimo de Lineus Clancharlie, el lord exiliado durante el reinado de Charles II. El rey había vendido a su hijo a los comprachicos por represalias. Estos desfiguran la cara del niño. El hombre desmembrado de la celda de Southwark es el verdugo que se ocupó de desfigurar en otro tiempo el rostro de Gwynplaine. Se ha podido conocer la verdad porque descubren la confesión que había dentro de la cantimplora que viajó por el mar y que tiraron los comprachicos una noche de tempestad. Gwynplaine es el lord de Inglaterra y hereda todas las tierras de lord David Mirry, así como las de su novia, la duquesa Josiane.

Libro VI

Ursus, que ha seguido a Gwynplaine hasta la celda, está convencido de que lo han detenido y de que está muerto. Él, que finge no haber llorado nunca en toda su vida, estalla en sollozos. Un poco más tarde, Barkilphedro se presenta en el albergue y ordena a Ursus, a Homo y a Dea que abandonen Ingleterra de inmediato.

Libro VII

Conducen a Gwyplaine al castillo de Windsor, muy próximo a la corte real. Sin embargo, Ursus y, sobre todo, Dea ocupan su mente. Se dispone a abandonar los territorios porque quiere recuperar a Ursus y a Dea. Al hacerlo, se pierde en sus propios pasillos y llega a la habitación de la duquesa Josiane muy inoportunamente. Esta, medio desnuda, le declara su amor y le dice que es sadomasoquista («Insúltame. Pégame, pégame», Hugo 1904, 231).

Libro VIII

Ponen en libertad a Gwynplaine durante una deliberación que tiene lugar en la Cámara de los Lores. Gwynplaine dirige un discurso sobre la miseria del pueblo a sus semejantes que están acomodados en el poder («Os apoderáis de todo, y vuestro todo está compuesto de la nada de los otros», Hugo 1904, 257). Durante el discurso, los músculos de su rostro se tensan en un esfuerzo sobrehumano para ocultar su «risa». Por desgracia, al narrar la historia de Ursus y de Dea, se le encoge la garganta y, en lugar de llorar, su risa aparece de nuevo, provocando la risa de todo los reunidos.

Libro IX

Gwynplaine huye de Windsor y llega a Southwark para encontrarse con Ursus y Dea, pero el albergue donde se hospedaban está vacío. Entonces, cuando está a punto de suicidarse tirándose al Támesis, Homo, el lobo de Ursus, lo retiene dulcemente arrastrándolo por la mano.

CONCLUSIÓN – EL MAR Y LA NOCHE

Gwynplaine sigue a Homo hasta la orilla del Támesis donde ve la vieja choza de Ursus. El reencuentro es conmovedor, pero la gran emoción del momento mata repentinamente a Dea. Gwynplaine, que quiere irse con ella, se lanza al océano («El cielo estaba enteramente negro; no lucían las estrellas, pero evidentemente él veía una» Hugo 1904, 284).

ESTUDIO DE LOS PERSONAJES

URSUS

Este personaje se define en primer lugar como misántropo, es decir, aquel que odia profundamente el género humano. Su única compañía es un lobo llamado Homo. Ursus es un ermitaño. Su nombre significa «oso» en latín, mientras que *homo* significa «hombre». Por medio de esta inversión de nombres, Hugo sugiere la idea un tanto pesimista de que el hombre no es más importante que un animal.

Su segunda característica son sus soliloquios: Ursus habla solo sin cesar y con frecuencia sus palabras no tienen relación entre ellas. Es médico, mago, poeta y saltimbanqui, y se gana la vida principalmente con sus espectáculos de ventriloquia. Ursus es un artista condenado a hacer el payaso, lo que hace de él un personaje romántico. En la primera mitad del siglo XIX se valoraba mucho la imagen del artista (Hugo no duda en compararse con un águila, Lamartine con un cisne, etc.), pero comienza a perder prestigio a causa del aburguesamiento de la sociedad y del triunfo de la industrialización. Por ello, el artista se siente excluido de este mundo cuyos valores no comparte. Los soliloquios de Ursus simbolizan esta situación. Desde ese momento, la palabra parece no servir para nada o como mucho para hacer reír al pueblo, lo que parece ser el único destino posible para el artista.

GWYNPLAINE

Es el Hombre que ríe. Cuando era un niño, el rey de Inglaterra lo vendió a los comprachicos (término que Hugo inventa a partir de las palabras españolas *comprar* y *chicos*) para que lo deformaran. Su rostro, sin labios ni nariz y su boca rajada, es una máscara que se ríe constantemente («Si hubiera llorado, se habría reído», Hugo 1904, 197). Por consiguiente, su rostro provoca la risa («Gwynplaine era un don de la Providencia a la tristeza de los hombres. [...] Veía cualquiera a Gwynplaine y no se podía tener de risa; le oía halar y se tiraba por los suelos» Hugo 1904, 196; «Riéndose era como hacía reír Gwynplaine» Hugo 1904, 196).

Sin embargo, lejos de lamentarse, Gwynplaine está satisfecho con su destino ya que Dea está a su lado («Gwynplaine estaba encarcelado en su deformidad, pero con Dea», Hugo 1904, 279; «[...] era amado a pesar de aquel horror, y tal vez a causa de él [...]. «Ser monstruo era para él la forma de la felicidad», Hugo 1904, 280). Como lleva una vida de saltimbanqui, su condición de artista-payaso hace que se parezca a Ursus y lo convierte a él también en un personaje romántico.

JOSIANE

El romanticismo diferencia dos modelos de belleza femenina:

- la mujer ingenua y pura que hace que el hombre mejore y que ascienda su alma;
- la mujer fatal, asociada a la lujuria y al infierno, que

provoca la caída del hombre.

En *El hombre que ríe* la primera figura (la positiva), corresponde a Dea y la segunda, negativa, a Josiane («¿[...] y en aquel la mujer es rayo y en este cloaca?, Hugo 1904, 283)

El libro VII de la segunda parte que tiene como título *La Eva del abismo* y está consagrado a Josiane. Uno de los capítulos lleva un título muy elocuente: *Satanás*. En este capítulo, Gwynplaine llega por casualidad a la habitación de Josiane y esta comienza a seducirlo en un ataque sadomasoquista («Despréciame tú, a quien todos desprecia. Envilecerse con el envilecimiento es una voluptuosidad» Hugo 1904, 231, «Tener entre los dientes la manzana no del paraíso, sino del infierno, es la tentación verdadera, y yo tengo esa hambre y esa sed, yo soy esa Eva, la Eva del abismo», Hugo 1904, 231). Su personaje recuerda a Satán y a Eva y, por tanto, a la tentación, y encarna lo carnal que aleja a Gwynplaine del alma, que simboliza Dea.

DEA

Es el punto opuesto de Josiane. Su nombre significa «diosa» y las palabras que hacen referencia a ella remiten al cielo y a lo divino de manera sistemática.

A ojos de Victor Hugo, *El hombre que ríe* debería simbolizar, entre otras cosas, el triunfo del alma sobre el cuerpo. Dea representa, sin lugar a dudas, el alma; Josiane encarna el cuerpo. Gwynplaine, que se debate entre las dos, acaba alejándose del cuerpo para contemplar el alma.

Por este motivo, el final de la novela es una victoria más que un fracaso. Dea muere, pero espera a Gwynplaine más allá de la muerte («Ven a reunirte conmigo lo más pronto que puedas. Voy a ser muy desdichada sin ti», Hugo 1904, 283) y cuando Gwynplaine se tira al océano, contempla una estrella que sólo él puede ver. En este momento queda reflejado el tema romántico del *Liebestod*, término alemán que designa la consumación del amor más allá de la muerte. El amor más puro sólo es posible en el más allá, cuando la pareja se libera de las trabas de la Tierra.

BARKILPHEDRO

Es el cortesano de la duquesa Josiane y la personificación de la maldad. En su descripción Hugo utiliza campos semánticos elocuentes. Barkilphedro, este privilegiado del mar, es un «termita», un «gusano» o incluso una «mosca». Es un bribón que actúa motivado por la voluntad de perjudicar a los demás sin razón aparente. Su deseo de humillar a Josiane no tiene fundamento («Jamás hombre había hasta aquel punto aborrecido a una mujer sin razón», Hugo 1904, 160). Hace el mal por el simple hecho de hacerlo.

Sin embargo, este personaje, que se describe ampliamente en el primer libro de la segunda parte, no experimenta una evolución consistente. Tiene muy poca presencia al final de la novela y su venganza nunca alcanza una dimensión dramática. Aquí tenemos uno de los defectos que se le ha reprochado a *El hombre que ríe*: Hugo introduce demasiados personajes y no profundiza en muchos de ellos. Otro ejemplo es Lord David Dirry Moir que, a pesar de estar presente con todo detalle en la segunda parte, acaba interviniendo poco en la intriga.

CLAVES DE LECTURA

UNA NOVELA MARCADA POR EL EXCESO

El hombre que ríe es uno de los grandes fracasos en la carrera de Victor Hugo. El público de la época se vio expuesto a demasiados personajes, hechos inverosímiles y giros inesperados. De hecho, *El hombre que ríe* es una obra confusa que se caracteriza en primer lugar por el exceso, de manera que ciertos críticos la calificaron de «novela barroca».

La razón de este exceso reside en la ambición que mueve al escritor en la creación de su novela. La publica en 1869, después de tres años de redacción, durante el exilio del escritor. *El hombre que ríe* constituye una síntesis de los temas preferidos del autor. Podemos destacar los siguientes:

- reivindicaciones sociales. La descripción del ahorcado en la bahía de Portland (Hugo 1904, I, 1), remite a la lucha de Victor Hugo contra la pena de muerte, que ya encontramos en su relato *El último día de un condenado a muerte* (1829). Por medio de la pena de muerte, los hombres han elevado el crimen al estatus de ley, lo que es absurdo y escandaloso. La obsesión por la miseria del pueblo, que ya apareció en *Los Miserables* (1862), es también un tema muy presente;
- traumas personales. Cuando describe el escándalo que tuvo lugar en la Cámara en el que Gwynplaine fue literalmente lapidado por la risa de los lores (Hugo 1904, II, 8), Hugo estaría recordando el momento en que él mismo ocupó un asiento en la Asamblea de la IIª República

(1848-1851). El suicidio de Gwynplaine que sucedió a la muerte de Dea (Hugo 1904, II, 9) hace pensar en el ahogamiento de su yerno Augusto Vacquerie, que intentaba salvar a la hija de Victor Hugo, Léopoldine. El destino de Lord Lineus Clancharlie, que está exiliado y que provoca la risa de los lores con frecuencia (Hugo 1904, II, 1), es una transposición explícita de su destino personal;

* obsesiones profundas. El episodio en que Gwynplane se pierde en los laberínticos pasillos de su castillo y acaba encontrando a la duquesa Josiane que le declara su amor perverso (Hugo 1904, II, 7) medio desnuda remite a unos sueños que tuvo el autor y que fue anotando en papel. El poder erótico y onírico de este episodio fascinó a los surrealistas y psicoanalistas.

EL MAR Y LA TEMPESTAD: LA PRESENCIA DE LA FATALIDAD

El mar y la tempestad son temas románticos que recorren toda la literatura del siglo XIX y beben de una estética propia del romanticismo: lo sublime, concepto acuñado por Kant (filósofo alemán, 1724-1804) en su *Crítica al juicio* (1790). En oposición a lo bello, que es «pequeño» y «convencional», lo sublime es un sentimiento estético que nos coge por sorpresa y que inspira temor (por ejemplo: la flor es bella, pero el huracán es sublime, etc). Toda la corriente romántica es una exaltación de lo sublime en detrimento de lo bello entendido a la manera clásica.

En *El hombre que ríe*, el mar y la tempestad son indispensables. El libro II de la primera parte es una inmensa descripción poética del naufragio de los comprachicos en un mar desenfrenado. Sin embargo, en la obra de Victor Hugo el temor que inspira el sentimiento de lo sublime alcanza una dimensión metafísica. El mar se convierte en la personificación de la fatalidad que domina el mundo y que arrastra al hombre, como la tempestad arrastra el barco de los comprachicos («Las cosas desconcertadoras que en la naturaleza llamamos capricho, y en del destino casualidad, son vislumbres de pedazos de ley», Hugo 1904, 132). Asimismo, la trayectoria de Gwynplaine parece estar gobernada por un destino todopoderoso.

La fatalidad constituye el verdadero motor de la novela. Un ejemplo de ellos es la cantimplora que tiraron los comprachicos al agua que, por casualidad, Barkilphedro descubre quince años más tarde, lo que permite la readmisión de Gwynplain en la Cámara de los Lores («¿Hay algo más terrible que la sonrisa de la fatalidad?», Hugo 1904, 206). *El hombre que ríe* está lleno de fatalismo, que se deja ver a través de motivos románticos y sublimes como son el mar y la tempestad.

UNA NOVELA POLÍTICA: UNA PROFECÍA DE LA REVOLUCIÓN

Con *El hombre que ríe* Victor Hugo se proponía escribir una novela de la aristocracia en Inglaterra. A esta novela le habría seguido una segunda sobre la monarquía en Francia (que no llegaría a escribir) y una tercera sobre la Revolución francesa (*Noventa y tres*, publicada en 1874) con el propósito de mostrar cómo los abusos de la aristocracia y de la monarquía condujeron a la revuelta y a la famosa Revolución francesa.

De este modo, el personaje de Gwynplaine supone la encarnación del pueblo («Decís que soy un monstruo; no; soy el pueblo, Hugo 1904, 260; «El pueblo soy yo», Hugo 1904, 261). Su destino como el hombre que ríe representa el de todo el pueblo, una masa de hombres y de mujeres martirizados por un poder arbitrario y arrogante, el de los lores, y al que han desprovisto del derecho de quejarse. Lo único que le queda al pueblo entre tanta miseria es reír («Yo represento a la humanidad tal como es en manos de sus señores. El hombre está en ella mutilado, como lo estoy yo, como lo está el género humano», Hugo 1904, 261). Por este motivo, el discurso de Gwynplaine en la Cámara de los Lores (Hugo 1904, II, 8) es esencial para comprender la novela. Durante el discurso, Gwynplaine fustiga la riqueza de los poderosos con violencia y se convierte, así, en el profeta del pueblo («Tengo derecho a estar y uso de ese derecho. Yo referiré esde aquí ¡oh pobres! Vuestros sacrificios», Hugo 1904, 259). Esta intervención es la manera que tiene el pueblo de expresarse y de introducirse en la vida política, vaticinando la Revolución («Llegará la hora en que una convulsión romperá vuestra opresión y en que un rugido responda a vuestras silbas», Hugo 1904, 261).

Gwynplaine es el representante simbólico del pueblo y se sitúa entre Quasimodo y Mirabeau. En *Nuestra Señora de París* (1832), Quasimodo, el jorobado deforme de la catedral, encarnaba al pueblo en el nivel más bajo, representando a un monstruo apenas humano. Gwynplaine, en el *Hombre que ríe* (1869) encarna al pueblo desfigurado por el poder pero que se inmiscuye cada vez más en la política, vaticinando la Revolución. Por último, Mirabeau, en *Napoleón el Pequeño* (1852), que fue un personaje histórico de la Revolución francesa conocido como «el amigo del pueblo», encarna la humanidad por fin libre, liberada del yugo de los tiranos y responsable de su propio destino.

De este modo, se puede decir que la obra de Hugo es una filosofía de la historia o incluso una filosofía del progreso. El tema de la emancipación del pueblo es el hilo conductor de toda su obra y *El hombre que ríe* el eslabón central.

LA TEMÁTICA DE LA RISA

La risa tiene una connotación triste y negativa en *El hombre que ríe* («Interviene el consentimietno en la sonrisa pero la risa es muchas veces una denegación», Hugo 1904, 16). El ahorcado en la bahía de Portland ríe, Barkilphedro, ríe cuando hace algo malo; los lores se ríen de Gwynplaine, etc. Por último, el rictus siempre presente en el rostro de Gwynplaine es, como ya se ha dicho, el «símbolo del crimen cometido en el pueblo por la monarquía», pero, en un sentido más amplio, esta risa es la expresión de la condición humana («la angustia petrificada en la risa que soporta el peso de un mundo de calamidades y que se amuralla para siempre en la jovialidad, en la ironía y en el divertimento de los demás [...], la monstruosa parodia que llamamos mundo» Hugo 1904, 270; «Él era un hombre [...] él era el Hombre», Hugo 1904, 724).

Esta última concepción de la risa hace referencia a la famosa risa rabelesiana. *El hombre que ríe* está llena de referencias a Rabelais (escritor francés, 1494-1553). La risa rabelesiana es la del hombre de pueblo, la del miserable que se burla de su desgracia. Sin embargo en la obra de Hugo, esta risa tiene un toque dramático ya que es también una toma de conciencia de la vanidad de la condición humana y una muestra de la opresión de los poderosos.

LA EXAGERACIÓN DEL ESTILO ROMÁNTICO

El estilo de Victor Hugo es buen ejemplo de la corriente romántica y se caracteriza por:

* la mezcla de géneros. *El hombre que ríe* es una novela heteróclita al máximo. La intriga se ve interrumpida continuamente: a veces, por largos y elaborados discursos sobre la historia inglesa (Hugo 1904, II, 8) o sobre la geografía (Hugo 1904, I, 1); otras veces por verdaderos poemas (el episodio del náufrago en el mar (Hugo 1904, I, 2) que se leen sobre todo como un largo texto en prosa). *Caos vencido* es una pieza de teatro que aparece en la novela. Aunque la estética clásica (siglos XVII-XVIII) impuso la separación de los géneros, el romanticismo, por su parte, destruye fronteras;
* la grandilocuencia, que se manifiesta en el gusto evidente de lo pintoresco («Con sus gotas el Océano os pulveriza y sois su juguete», Hugo 1904, 62); «un huracán bajo un catafalco, tal es la tormenta de nieve» Hugo 1904, 87, la metáfora («Al mismo tiempo, el niño sentía por momentos en su frente, en sus ojos, en sus mejillas, algo parecido a palmas de mano frías, posarse sobre su rostro.

[...] Era la nieve», Hugo 1904, 42) o el oximorón («Con su infierno, habían hecho un cielo», Hugo 1904, 229; «[Había quedado] pegado a la liga de la grandeza», Hugo 1904, 268). El estilo de Victor Hugo rebosa exageración y pasión romántica («No vayáis a buscar la poesía más lejos d dos corazones que se aman, ni más lejos la música de dos besos que dialogan», Hugo 1904, 175).

PISTAS PARA LA REFLEXIÓN

ALGUNAS PREGUNTAS PARA PROFUNDIZAR EN SU REFLEXIÓN...

- ¿Por qué Ursus y Gwynplaine son personajes románticos?
- Josiane y Dea encarnan dos modelos femeninos antagonistas que también encontramos en la mitología. ¿Cuáles son estos modelos? Descríbalos. ¿Conoce usted otros autores que exploten estos modelos?
- Explique en qué consiste la mezcla de géneros de *El hombre que ríe*.
- Compare Gwynplaine con Quasimodo (de *Nuestra Señora de París*) y con Mirabeau (de *Napoleón el Pequeño*), otros dos héroes de la obra de Hugo. ¿Cuáles son los puntos en común y en qué se diferencian estos tres personajes?
- Hugo es un escritor comprometido. En su opinión, ¿muestra este compromiso en *El hombre que ríe*? Si es así, ¿qué denuncia o qué defiende el autor?
- ¿En qué medida está relacionada *Noventa y tres* con esta novela?
- En su opinión, ¿cómo es el final del relato, pesimista u optimista? Justifíquelo.
- Esta obra no tuvo mucho éxito cuando se publicó. ¿Cuáles son las razones a su parecer?
- Esta obra sintetiza todos los temas preferidos de Victor Hugo. ¿Cuáles son estos temas y cómo se presentan en *El hombre que ríe*?
- ¿En qué medida *El hombre que ríe* explota lo sublime? Explíquelo.
- Compare el significado que tiene la risa en la obra de

Hugo y de Rabelais.

¡Su opinión nos interesa!
¡Deje un comentario en la página web de su librería en línea,
y comparta sus favoritos en las redes sociales!

PARA IR MÁS ALLÁ

EDICIÓN DE REFERENCIA

- Hugo, Victor. 1904. *El hombre que ríe*. Traducido por F. Luis Obiols. Barcelona: Casa Editorial Maucci.

ADAPTACIÓN

- *L'homme qui rit*. Dirigida por Jean-Pierre Améris, con Marc-André Grondin, Gérard Depardieu y Emmanuelle Seigner. Francia, 2012.

EN RESUMENEXPRESS.COM

- Guía de lectura de *Claudio Gueux* de Victor Hugo.
- Guía de lectura de *Hernani* de Victor Hugo.
- Guía de lectura de *El último día de un condenado a muerte* de Victor Hugo.
- Guía de lectura de *Los miserables* de Victor Hugo.
- Guía de lectura de *Nuestra Señora de París* de Victor Hugo.
- Guía de lectura de *Noventa y tres* de Victor Hugo.

**Resumen
Express**.com

GUÍA DE LECTURA

Muchas más guías
para descubrir tu pasión
por la literatura

www.resumenexpress.com

© **ResumenExpress.com, 2016. Todos los derechos reservados.**

www.resumenexpress.com

ISBN ebook: 9782806273932

ISBN papel: 9782806285683

Depósito legal: D/2016/12603/504

Cubierta: © Primento

Libro realizado por Primento*, el socio digital de los editores*